경달현 시집

그리고 달력을 보다

제3의 문학

| 序文 |

봄에 씨를 뿌리고 힘들었던 여름을 나고 가을 태양빛 아래 더 좋은 빛깔과 향을 담는 것처럼 조금 더 다듬고 보충하고 한 발짝 물러나 독자의 입장에서 바라보는 시선을 놓치지 않기 위해하고 싶은 많은 것들을 살짝 접어놓고 보이지 않는 곳에 목표로 두고 그 길을 걸어간다는 것은 결코 쉬운 일이 아닌 것 같습니다.

빡빡한 공직생활 도중 지난 2006년 4월 갑작스럽게 찾아온 병마를 극복하는 과정에서 몸을 추스르고 기억력을 되살리기 위해 자연에 순응하며 운동하면서 사진도 찍고 책을 읽어 습작한지도 벌써 많은 세월이 흘렀습니다.

곧바로 회복되어 복직하고 주말이면 흰둥이와 운동하면서 자연과 들판을 누비며 상상했던 것보다 어려운 시골의 모습과 농촌 환경을 직접 경험하고 농부들과 같이 생활하면서 어렵고 힘겨운 생활 속에서도 행복의 씨앗이 불꽃처럼 피어올라 온 몸의 세포 하나하나에 사랑을 터치하듯 좋은 글귀를 얻는 순간이 커다란 기쁨이 아닐 수 없었습니다.

앞으로도 아름다운 희망을 매만지는 모든 사람들과 같이 새 삶의 움을 틔우고자 노자의 도경2장의 끝부분의 글 "생기게 하고 소유하지 않으며 행하고도 자랑하지 않는다(生以不有 爲以不恃)" 처럼 일상 중에서 보고 느낀 최고의 가치를 글로 표현해 독자들을 만나 보리라는 생각에 잠겨봅니다.

2017년 가을의 끝자락에서 경 달 현

차 례

차 례

차 례

제3부_ 그리고 달력을 보다

1부

별비가 내린다

이곳에 살리라

아름다운 이곳 흙에 살리라
유기농 농산물이 풍성해 살기좋고
사시사철 들꽃들이 피어나며
종알종알 새들이 노래하는 곳

시원하게 지나는 하늬바람은
동네방네 새 소식을 알리고
떠가는 뭉게구름 새털구름은
아름다운 고향풍경 전해주는 곳

지천에 자라는 산나물 뜯어
아침저녁엔 힐링 음식 나누고
밤이면 마당에 멍석 깔고 누워
네별 내별 별 바라기 할 수 있는 곳

꿈과 낭만이 있는 내 삶의 터
상상력과 이상을 키워주고
아름다운 사랑을 일깨워 주는
괴산에서 맛깔나게 살리라

숲속엔

산기슭 계곡의
맑은 물소리
가재와 피라미들
새소리와
푸른 잎새

그리고
흙냄새와
어우러져

그들만이
서로 도와가며
살고 있다

운해

해가 떠오르기 전
산허리 너머로
붉은 빛이 들어온다

새벽을 깨우는
등 굽은 소나무와
아침 인사를 나눈다

하늘 높은 초가을
운해가 드리워진
산은 싱그러운 느낌이 좋다

태양은

붉은 태양은
소백산맥 줄기 위를
찬란하고 영롱하게 넘는다

시간의 흐름따라
하얗게 빛나며
대지에 눈이 시리도록 빛을 뿌린다

아침 이슬이
태양빛을 삼키고
내 마음이 젖는다

화양동 계곡

솟아오른 자연의 신비요
장송들이 하늘을 떠받치고
구름의 그림자를 비친다

맑고 깨끗한 물은 옥수요 모래는 금싸라기라
우암이 조그만 배로 초당과 암제를 드나드니
현재는 흙에 묻혀 옛 모습을 찾기 어렵다

도명산 기슭에 층암이 얽혀 대를 이루었고
경치도 좋으며 우뚝 치솟은 첨성대에
"備禮不動"이란 의종의 어필이 새겨져 있다

훌쩍 떠나보자

신록의 계절
우리에게 주는
상쾌함이 있어
어디론가 떠나고 싶다

배낭하나 들쳐 메고
가벼운 마음으로
자연의 아름다움에
흠뻑 빠져들고 싶다

에메랄드 보석을 닮은
오뉴월이다

편백 나무들이 자라는
착각의 늪에 빠지게 한다

그대와 떠나고 싶은
유혹이 간절하다

연하협 구름다리

산새들의 노래 소리에
연하협 구름다리는
선잠에서 깨어나 기지개를 켠다

산들과 어우러진 구름들은
무릉도원을 펼치며
손님 맞을 준비에 부산하다

물에 발 담그고
친구들과 나누는 한잔의
막걸리와 녹두전으로
겹겹이 우정은 더욱 두터워진다

연하협 계곡이
일구어 내는 파도소리에
올레 길의 명성은 하늘을 찌르고
노송 밑을 거니는 신선들이 즐비하다

오후의 산야는

비 내리는 오후의 산야는
청송이 더 푸르고
나뭇잎 사이 물안개로
깊은 맛을 더하여

소란스럽지 않게 내리는 비
농사꾼은 들에 널려 있는 잔일도
다 덮고 비와 벗하리

파전을 곁들인
막걸리 한잔 떠올리게 한다

여울낚시

밤새 내린 장맛비로
피라미 떼 늘어나고
왜가리 물오리 조찬회동 모여든다

친구와 모처럼 흥에 겨운 여울낚시로
갈겨니와 피라미들을 뜰채로 잡아
우정을 쌓고 세월도 낚아 올린다

나 한 마리 너 두 마리
흐르는 물에 스트레스 던지고
희망찬 내일을 위하여 화이팅

선유동 계곡

화양동이 남성적인 계곡이라면
여성적인 아름다움이 넘치는 계곡으로
조선 이황이 송정마을 이씨댁을 찾아

경치에 취하여 아홉 달 동안 머물은 곳으로
백척이 넘는 바위들로 이루어진 선유동문과
기암은 하늘에 치솟고 송림에 학이 둥지 틀었다

연단로에서 금단을 만들어 먹은 신선이 장수하고
와룡폭은 용이 물을 내뿜는 듯 쏟아내어
흩어지며 안개를 이루는 모습이 장관이라

천렵 가는 날

더위가 찾아오면
모처럼 여가를 즐기기 위해
마음이 맞는 사람끼리
미끄러운 돌들의 계곡에
어느새 지친 몸을 내 맡긴다
빙글 빙글 돌고 돌아
물에 넘어져 땅을 사 버리고
삼삼오오 짝을 이루어
족대로 고기도 잡는다
솥을 걸어 불 지펴
수제비 떠 넣은
매운탕 한 그릇씩
여유로운 풍류를 즐긴다

고산 구경

솟은 산을
달천이 태극모양으로 감싸 흐르고 있어
선인들이 만송정과 고산정사를 지어
혼탁한 정치를 피해 은거한 곳으로

고산정은 달천이 내려다 보이는 곳에
팔작지붕 목조기와집으로 명현 유근이 지은
정자로 만송정이라고 하였고

고산정 밑의 절벽 부분으로
달천 양편으로 흩어진 명승지들을
제월대라 부른다

관어대는 영화담 위에 있어
바위절벽 아래서 유유자적하는
물고기들을 볼 수 있으며

강을 따라 내려가면
절벽과 절벽으로 이어진 은병암이
물에 반쯤 드러나 절경을 이룬다

은병암의 석잔도(石棧道)는
사람이 다니기 힘든 험한 암벽을

통행할 수 있도록 정으로 쪼아 낸 길로
선인들의 슬기로운 지혜를 엿볼 수 있으며

속리산에서 흐르는 물이
머물러 못을 이루는 영화담은
꽃이 피고 물고기가 많아
행락객이 줄을 잇는다

낙 엽

바람 강하게 분다

예쁜 옷들을 벗겨서

알몸으로 만들어 버린다

그것마저도 만족하지 못한 듯

대지의 풀들마저도 마르게 하는

우리는 나약한 이파리들이다

지나가는 발을 멈추게 하는

풍경의 한복판에 행복이란 글을 써보고 싶다

은행나무가 부른다

문광 저수지 가로수의 단풍잎은
아름답게 물들어 해질녘 샛노랗게
빛을 발하는 은행나무의 단풍과
풍경은 아름답기 그지없어 좋아한다

새벽 물안개가 모락모락 피어나고
물위에 떠있는 빨간 수상 낚시집의
풍경을 시샘하듯 붕어들도 덩달아서
단풍놀이와 사람들을 구경을 하겠지

자욱한 안개가 저수지를 집어 삼켜도
안개가 짙다는 건 청명한 하루하루로
아름다운 풍경을 마음속에 담기위해
전국의 꿈을 찍는 이들이 모여든다

세월도 낚는다

멍딩이 소암 저수지에서
참붕어와 잉어의 손맛과
가족들이 사랑을 엮는다

낚시꾼들도
너 두 마리 나 한 마리
그리고 세월도 낚는다

저수지 주변의
벚나무들이
벚꽃과 맛나고
벗을 한 주먹씩 선물 한다

인정과 친목들이 모여
매운탕과 소주 한 잔에
고단한 일상을 떠내려 보낸다

괴산 가을은 깊다

생활공간의 장소로
입고 먹고 자는 것을
숲에서 얻으면서
삶을 이어갔다

나라의 중심이며
괴산의 촌스러움은
새로운 생명을 잉태하고
지켜가기에 값지다

영양이 풍부하여
약성이 뛰어난 임산물이나
농산물과 약재에 이르기까지
높은 값에 거래된다

한 자락의 가을볕 불쏘시개 되어
깊어만 가고
삶을 보듬어갈
공기는 신선하고 달콤하다

별비가 내린다

밤하늘의 별도
소리를 내면서 운다

사람만 외로워
우는 게 아니구나
세상에 존재하는 모든 것이
다 외롭다

별도 생성과
소멸을 반복하니
기쁨이 있으면
슬픔 또한 있으리라

유성우가
슬프게 쏟아진다

산 오름

산길을 걷는 발걸음이 가볍고
산 내음이 좋다

산새 소리도 정겹고
운무가 낀 능선을 따라
정상에 오르니 가슴이 열린다

산 아래로 펼쳐진
자연마을과 푸른 농경지로다

한강의 발원지인 고마천과
동진천이 흐르고
설우산을 에워싼
마을에 주민들이 모여 산다

겨울 산

발가벗은
나무 사이로
산의 속살을 보는 것은
엄동설한이 선물하는
삶의 축복이요

숨소리조차도
침묵하는 겨울산은
자연의 선방(禪房)이며

모두 드러내 놓고
살갗을 파고드는

산은 영혼을 헹궈주는
세심(洗心)의 도장이다

산사의
풍경소리는
만 가지의 시름과 번뇌를
눈 녹듯이 사라지게 한다

기다림이 만든 고향

기다림을 배운 후에야
농사를 배웠고
떠난 사람이
다시 돌아올 수 있는
곳을 만들었다

머무를 줄 알아
돌아오는
길을 만들게 하고
기다림의 의미를 알기전의 미래는
손이 닿지 않는 미래 자체였다

한 곳에 머물면서
마음을 나눌 가족과 마을이 생겼다

기다림은 돌아올 수 있는
터전을 만들었으며
정착은 떠난 자가
다시 돌아올 수 있는
귀환을 만들어 주었다

농부의 마음

땅을 사랑하고
생명을 소중히 여길 줄 알며
안전한 먹거리를
생산할 수 있어야 한다

우리의 강산이
오염되지 않도록
땅을 지키고 맘 놓고 먹을
우리 농산물도 지켜야 한다

우리들의 삶속에
소중함을 잃지 않고
유기농산물을 생산하는
마음이 벅차오른다

한 사람 한 사람의
그 고운 가치들이
참사랑을 실천하는
농부들의 가슴엔 희망이 넘친다

풍년 기원제

풍년농사를 기원하는
풍년기원제와
화합 한마당 잔치가 벌어진다

20여개 마을 주민들이
정성을 다해 마련한
떡과 과일을 제단에 올리고
촛불 점화와 제사를 올린다

떡과 막걸리로 정을 나누고
신명나게 윷놀이를 함께 하며
화합과 소수면의 발전에 다리를 놓는다

상상의 나라

장연면 송덕리에서
삶을 꾸리기 위해
자연순환 농사를 짓는
이들을 찾아 나선다

인분과 소변으로
낙엽모아 퇴비 만들고
방에 군불 때 재를 거름삼아
친환경 농사를 짓는다

험한 인생살이도
그들만의 윤회 사상이랄까
마음 씀씀이가 남다르며
욕심 부리지 않고 자연에 순응한다

깊은 산 속의
아름드리 소나무와
숲의 바람소리와 함께 유토피아가 되리라

모내기

이른 아침부터
경운기 이양기 소리가 요란하더니
우리집 모를 심어 준다고
빨리 논으로 나오란다

벼 묘판을 이양기에 싣고
논을 달리면
푸른 논으로
마을 앞 들녘도 푸르게 변한다

몇 해 전 부터
친환경농업을 하더니
올해는 우렁이농법으로
안전한 먹거리를 생산할 것이라며
엄니의 포부가 넘친다

창문 너머로
향긋한 찔래꽃 내음과
산새들과 뻐꾸기의 합창소리에
낮잠이 설었다

바람아 멈추어 다오

비바람은
한 여름의
장맛비 쏟아 붓는 듯 요란했다

모든 일상들을
날려 버릴 듯이
강한 바람이 세상을 흔든다

바람과 빗방울이
태풍 곤파스 때의
무서운 위력을 생각나게 한다

어둠을 뚫고
겨우 보금자리에 앉으면
구름은 갔어도
바람은 소리를 지른다

들마루

종일 고단함에 이끌려
어둠이 내린 들에는
숨소리조차 고요하다

곤충들의 합창 소리에
달무리가 돌아눕고
별 무리도 자리를 뜬다

바람 소리에
막걸리 잔을 기울이며
편안함에 빠져든다

마당 한 가운데
들마루는 농부들의 쉼터다

장대비가 지나간 자리

늘 그러하듯
햇살이 아침을 깨운다

창문이 밤새도록
비바람에 시달리며
세수를 마쳤는지
얼굴이 반짝인다

어둠에 깨어난 산야는
빗소리와
운무를 만들며
한 폭의 동양화를 그려낸다

이 산에서
저 산 너머로
일곱 빛깔 무지개는
사랑을 엮어낸다

수박서리 하러 갈까요

이웃집 고추밭에 수박 참외가 주렁주렁
도시에 살고 있는 손주들이 여름방학 동안
먹거리가 익어가고 과일 향기가 가득하다

어린 시절 이웃집 아저씨의 밭에 아끼던
참외 수박서리를 한 우리들을 혼내 준다고
뒤를 쫓는 아저씨와 우리는 생쥐꼴이 된다

잘 익은 수박 한 조각 너도나도 한 입먹어
보자며 친구들이 순찰을 돌며 모두가 먹을
만큼 커다란 수박이 익기만을 기다린다

주위를 살피며 비료 푸대에 한가득 담아
동네 한적한 곳에서 맛있게 먹고 있다가
아저씨 레이더에 벗어나지 못하고 걸려든다

여름의 끝자락

흰 구름 가득
고요 속에 다가오는
가을은 여름내 울었던
소쩍새 마음 이었나

푸르름은 짙어가고
흘린 땀은
버거웠던 하루하루가
여름의 끝자락이네

핏빛 수수는
무거운 고개를 떨구고
높이 날던 참새 떼는
수수이삭에 매달려 알곡을 훔쳐 먹는다

허수아비에 앉은 잠자리는
고추같이 익어가고
매미는 울부짖으며
가는 여름 끝자락을 놓는다

가을엔 새가 되어 보세요

낙엽 밟는 소리가

물드는 가을이다

올 가을엔

시골 들녘에서

사색과 낭만을 찾아 즐겨보세요

한 마리의 새가 되어

천상으로

꿈을 싣고 훨훨 날아 보세요

쪽빛하늘

출렁 거리는
하늘 물살을 가르고
흰 광목은 일을 멈출 수 없어서
덩실 더덩실 춤추리라

홍화꽃 붉은 열정
그대 향기에 취해
샛노란 저고리 풀어 헤치고
밤새워 노래하리라

쪽빛에 물 들은 천들이
꽃바람에 살랑 거리면
이보다 고울까 쪽빛하늘이 뜬다

구절초

청순하며 소녀처럼 미소 띤 얼굴
청초한 자태와 단아한 모습으로
가을 깊숙이 우리에게로 다가오는
화려하지 않으면서도 고결한 모습
꽃말은 순수와 엄니의 사랑으로서
그윽한 꽃과 향기에 취하노라면
꽃무리 지어 아양을 떠는 구절초
오늘도 가을이 깊어가는 줄 모른다

슬픈 풍년가

가을을 재촉하는
비가 촉촉이 내리고
들에는 형형색색 곡식들이 춤춘다

여름날은 뜨거웠고
가뭄으로 비비꼬인 세상
세찬 비바람도 비켜
가을이 성큼 내게로 다가와
풍년이라 속삭인다

곡식들은 곳간에 가득한데
먹는 이들도 즐겨찾지 않아
나라도 걱정 농부도 걱정이라며
곡물 가는 한없이 내려가고
'農者 天下地大本' 은 옛말이로다

농사꾼의 하루

창문 너머
빛이
일터로 나가라 재촉한다

한나절
들풀과 꽃들이
농사꾼 거친 숨소리를 담는다

땅거미 지면
산허리 고랑 긴 밭가에
고단함과 어둠이 함께
손을 씻는다

밭고랑 보다 더 긴 하루
발자국에 품어
하루를 마무리 짓는
세상속이 고요하다

우리 흙 살림은

괴산을 찾은 것이
강산이 세 번이나 변했다

수많은 우여곡절이
주마등처럼 지나간다

좋은 분 좋은 뜻 좋은 기억으로

농민들과 강가에서
즐거웠던 시간

지금까지 달려올 수 있었고
이 길을 가도록 도왔던
농민의 등불이 되고 싶다

흙을 살리고
안전한 먹거리를
가꾸어 내어
농민과 함께 걸어가리라

봄 터지다

마른가지를 뚫고
활짝 돋는 웃음 새싹들이
달천강 따라
샛강의 냄새가 좋다

누님네서 얻어 온
얼기설기 묻어놓은 겨울밤이
도란도란 앉아 있는
폼 새가 예쁘더니만

지난해
묻어놓은 산마늘 명이도
우렁차게 올라온다

2부

그런 사람이고 싶다

텃밭

텃밭에
물주는 일이 즐겁다
오이 첫 꽃이 피었다

잡초들도 일어나
채소들과
아침인사 나눈다

상추도 많이 자라서
찬밥에 한웅 큼 비비란다
고추와 가지 아욱도 자리를 잡고
깻잎도 싹을 틔운다

부추는
빈대떡 굽자며
동네방네 사람들을 부르란다

문전성시

농부들의 시장은
농촌문화를 지키고
먹거리를 만들며
서로 돕고 소통하는 공동체로
매월 첫째 주 토요일에
괴산청결고추유통센터에서 개장하며
마을, 사회적 기업, 개인들이
참여하는 신토불이 장터래요
청정지역 괴산에서
농산물을 직접 생산 가공 판매하는
농부시장 문전성시의 상품들은
그들의 땀과 정성 노력이 배어있어요

웰빙을 맛보다

덩치 큰 수탉도
자그마한 암탉도
눈을 반짝이며 애타게
누굴 기다리는 눈치다

서로 어울려
뛰노는 닭들이 낳은
살아있는 달걀
영양도 가득하다

빨간 볏을 달고
총총거리는 닭들은
운동장에 놓인 밥통이나 풀
흙과 어우러지는
닭들의 아침 풍경이다

백세인생을 위하여
사람들이 찾는
유정란 생산으로
건강한 삶을 지켜주고 싶다

괴산 고추

생명의 땅 충청북도에
유기농업 학자들이
괴산으로 둘러앉는다

세계유기농엑스포를 개최한 괴산에서
비옥한 석회암 사질토양에
농부들의 정성을 먹고 자란 청결고추는

주야간 일교차가 크다 한
청정지역 흙에서 생산하기에
색이 선명한 맛과 향이 일품인지라

자연친화적 삶을 더하는
괴산 청결고추여!
지구촌을 누벼라

참살이

삶을 위해
돈과 명예도 아니고
사람들과 더 오래
함께 할 시간과 여유를 찾아서

정신이 건강하고
감성이 조화로운
만남을 추구하는
생활방식의 하나로

물질적 가치나 명예 보다는
건강한 몸과 마음을 유지하고
내면의 뜰을 찾으려
새로운 삶을 꿈꾸는 웰-빙이여

김장김치

움추린 들녘에
추위가 성큼 올 때
농촌에서는
절임배추 절구는 모습이 분주하다
경운기에 한가득
아주머니들이 절인 배추를
암반수로 씻어
도시로 집집마다 배달이 된다
김장준비를 서두르는 가정들이 하나 둘
겨울 채비로 부산하다

청춘, 세계를 품어라

사랑의 그릇이 되어
아프리카 오지의 쓴맛부터
유럽의 화려한 달콤함까지

내가 전하는 희망의 멧세지가
그들을 변화 시키고
나에게도 세상을 바라보는
새로운 시각을 갖게하여

마음에서 시작되는
삶과 인생의
진정한 변화를 추구하고

자신의 틀과 한계를 넘어
무한한 가능성을 위한
새로운 도전 정신으로

민족 국가 언어 종교를
초월한 진정한
세상을 바꾸는 별로 빛나라

꿈

문과 서랍을 열면
쌓아 놓은
꿈들이 있지 않은가

차갑게 식어버린
꿈의 먼지를 털고
물 주어 자라게 하라

불씨를 지펴
그대의 가슴에
불꽃이 피게 하라

마음 안에 터를 일구어
새 움을 틔워라

책을 읽어라

힘들고 고달프더라도
해야 할 일들이 너무 많다

다하고 살기는
살아가기 위해서는
동기를 부여하는
그 무엇이 필요하다

포기하고 싶을 때
책을 읽으면
또 다른 길과 힘을 만날 수 있다

살다보면

살아가면서
일도 견뎌내고
꿈을 이루어 낼 수 있는
힘은 어떻게 얻어지는 것일까?

지금보다
더 힘든 상황에
처하지 않았음을
그러면서 용기를 얻게 된다

어둠의 터널을
아직 들어가 보지 않고서
힘들다고 느끼는
그대들을 응원한다

그것이 비록
도전이 아니더라도

잘하고 있는 것을
한숨이 희망으로 바뀌는
그것이 삶의 드라마다

여름나기

숲 속의 계곡이

우리를 부른다

물소리와

매미 소리가 여름을 부른다

강줄기 따라 이어지는

자전거 길

친구들과

어우러지는 한 판 대결보다

꿈을 향해

힘껏 달려가 보자

하늘빛을 담다

물빛은 하늘을 담고
물줄기는 마음 같아
삶이 잔과 같아서
사람은 욕심을 먼저 채우려 한다

새벽을 열어 고요를 씻기니
초봄의 매화 같으며
가득한 미소는 언제나 그리움이요
그리움을 떠내는 도구로다

바보처럼 웃다가
마음에 하늘빛을 담는다

노 을

해질녘
물들어 가던 너와의 추억이
노을로 물들어 간다

산 너머 저물어 가고
하늘 끝까지
고개를 내밀고 있다

그리워 할 때
지워지는 시간처럼
더러는 추억이 아픔이 된다

또다시 물드는
기억을 노을에 담아본다

삶이 힘든 이유는

노력해서
쌓아가야 하는
스펙 때문이 아니라

준비 안 된
모르는 것이
알 수 없는 미래에 대한
불안 때문 일거라
생각이 든다

꿋꿋하게 살아남은
호박 넝쿨을 보며
남의 탓 하지 말고
옹골지게 살아야한다

그냥 떠났다

화장도 하지 않고
옷도 갈아입지 않은 채
보이고 싶은 사람도
보여야 할 일도 없는 곳으로
떠났다

그저 그냥
모든 걸 내려놓고
편안함속으로 빠져 들어가
자신에게
선물을 주어도 좋다

커피 한잔과
늦가을의 정취로

길을 몰라
길을 두고 떠났다

행복해 지는데 이유가 있나요

기쁜 것은
받을 수 있는 게 아니라
내가 베풀어 가는 것이다

최선을 다하고
마음이 편하면
즐거워지는 이유다

감동시키기 위해서가 아니라
좋아서 하기에
즐겁게 나누는 것이다

마음정리

마음과 상관없이
파도가 넘실대고
누군가에게 들킬까
가슴속에 숨겨두었던
설렘도 가져올 수 있으니까

지금 이 순간
더 이상의 생각과 상념 따위는
그저 사치일 뿐

적어도 오늘
스쳐 가는
바람 따위에 마음을 열고 싶다

술잔

이슬로
일부가 되어
잔잔한 호수나
마음이면 족하니
생각을 비우라

복잡하여
힘들고
빠져들면 삼켜버린다

마음의 잔을
비우고 내려놓아
생각 한다
고로 나는 술병이다

태양은 떠오른다

허물을 벗는
하루의 시작으로
잠에서 깨어나 게으름을 밀어낸다

안개바다 위로 솟아 오른
한 폭의 산봉우리들을
감싸 안고 새벽이 온다

안개 위로 붉게 홍조를 띠며
동산의 품에서 걸어 나온다

친 구

당신을 친구함에 있어
남들이 부러워하는
그런 아름다움이기 보다는
서로를 그리워하며
존중하고 배려하고
소중함이고 싶습니다

애써 꾸미고 치장하는
마음이기 보다는

그대로의 만남일지라도
가슴속에 회오리치는
그런 친구가 되고 싶습니다

장돌뱅이

그 옛적에 개구쟁이가
어제는 음성장에서
오늘은 괴산장으로 장 따라
난전에서 옷 파는 친구가 있다

가끔은
시장골목을 뒤지다가
손뼉을 파는
친구의 모습이
너무도 보기가 좋다

시장표라 가격도 싸다며
고개를 숙여
의자까지 내 놓는다

인정에 웃고 사는 오일장은
붕어빵과 이야기도 나누고
막걸리 한 잔에
콧노래 부르는 친구가 있어 좋다

장대비가 지나간 자리

늘 그러하듯
씻기고 흘려보내고
마음의 햇살이
아침을 일깨운다

비와 바람에 시달리며
세수를 마쳤는지
햇살이 창문에 반짝인다

산야는
운무를 만들어
한 폭의 동양화를 그려낸다

따뜻한 인생

어깨를 움츠리고 잰 걸음 퇴근길에
휴먼시아 아파트 고소한 풀빵냄새와
모락모락 잉어빵 담기는 따스한 봉투에
사랑과 情이 느껴지는 손길을 쳐다본다

무심코 지나치려는 나를 꾸짖기라도 하듯
호호 불며 나눠먹는 연인들 정겨운 모습에
가족들의 환하게 웃는 얼굴이 떠올라
지갑 속 천 원 짜리를 꺼내 들고 흥정한다

단팥과 크림 잉어빵 몇 마리 사들고
집에 가는 도중에 행여나 식으면 어쩌나
좋아하는 가족들의 모습을 그리며
종종걸음 띠며 사랑담긴 외투를 풀어본다

그리움

늘 맺혀있는 것이
울컥 올라 올 때가 있지만
그리움을 만나게 되면
마음까지 활짝 웃게 됩니다

버릴 수도
내려놓지도 못하는
버릇처럼 그리워하고
또 그리워하는
날이 갈수록
홍수처럼 불어만 갑니다

끝내지도 못하는
그리움에 닿을 때까지
자꾸 커져만 가고

그래도
당신을
가슴 안에
홀로 두지 않을 겁니다

아버지와 몽당연필

나 어릴 적
요즘처럼 좋은
면도칼이 나오기 전에
아버지는
샘물가에서 낫을 숫돌에 갈아
연필을 깎아 주셨다

연필을 깎고 계시던
손 모양 하나하나가
아직도 눈에 선한데
벌써 아버지 돌아가시기 전
그 모습의 나이로 변해가고 있다

논둑 깎다 낫을 숫돌에 가니
아버지가 더 생각나
나는 몽당연필이 된다

서해 갈매기

갈매기
내 청춘은 흘러가도
너는 변함없구나
내님은 언제쯤 올까
오늘은 기다려 본다

갈매기야
내 인생이 흘러가도
너는 아직 그대로 구나
수많은 임은 오고 가는데
내님이 언제쯤 나타날까
내일도 기다리란다

서해 갈매기야
새우깡만 좋아하지 말고
내님은 언제나 데리고 올껀가

가슴 뭉클하게 살아라

유난히 시리고
바람도 부산하여
싸늘함이 어우러지는 계절에
별과 같이 날아오르는 반딧불이
새벽 별이 된다

모든 것에 대하여
시시 때때로
그리움이 되어 그대를 그리고
더하지도 부족하지도 않은
나눔으로 감사를 한다

마음 언저리
사로잡힌 내가 있어
모든 것에 대하여
사랑할 수밖에 없다

행복이란

아침을 볼 수 있어 좋고
저녁놀도 알 수 있으며
사랑을 베풀 수 있어 행복합니다

세상을 만날 수 있어 좋고
슬픔도 맛볼 수 있는
친구가 있어 행복합니다

누군가 그리워
가슴앓이 하는
살아 있기에 누릴 수 있어 행복 합니다

안부를 전할 수 있어
웃을 수 있고 느낄 수 있는
그대가 있어 행복 합니다

연애편지

흩어져 있던 내 마음을
낙엽 줍듯이
님에게 편지를 씁니다

그리움에 한 잎 물들이고
보고픔에 두 잎새 물들여
님에게 마음을 전합니다

새와 풀벌레도 잠든 새벽에
님의 얼굴 떠 올리며 쓴 편지를
그대에게 부칠 수는 없지만
그래도 써야만 합니다

지금 쓰는 편지가
그리워 또 보고 싶어
님에게 내 속을 몽땅 보여 줍니다

인생의 길을 걷다

마음이 걸리면
두고 갈 수 없고
바람 부는 흐름에 따라
가지 끝에 매달린 잎새가 되어
삶을 살아가고 있다

푸르름이 옅을 때는
왕성도 하더니만
녹음이 더 짙어지며
풍만함이 묻어난다

오늘을 지나고 나면
푸르름도 지고
내일이 지나고 나면
붉게 물들다가
낙엽이 되어

지금껏 살아온 것이
무상이 아니런가

엄니 생각

가끔은 언뜻언뜻 생각나게 하는
구수한 청국장과 엄니의 손맛이
그립고 정겨워 마음속으로 달린다

논둑에 심은 호박 덩굴을 살피며
애호박 찾는 엄니는 마침내 한 덩이
호박과 호박잎을 따서 가슴에 안는다

엄니는 아마 오늘 저녁 식구들을 위해
호박구이 호박잎쌈과 된장국을 끓여
가족들의 건강 챙기는 손길이 따뜻하다

그런 사람이고 싶다

희망과 꿈으로 다가서는
그런 사람이고 싶다

들에 핀 작은 풀꽃
바람에 날리는 민들레 같이
너에게 그런 사람이고 싶다

긴 여정에 벗되어
어깨동무로 온기를 나누는
나는 그런 사람이 되고 싶다

백년지기

오동나무는 천년을 묵어도
그 속에 노래를 지니고 있고
매화는 평생을 추위와 함께 살아도
향기를 잃거나 팔지 않으며

달빛은 천 번 이즈러져도
원래 모양은 남아 있고
버드나무 줄기는 몇 백번 찢어내도
또 새로운 가지가 나온다

어떠한 어려움도
꿋꿋하게 이겨 내고
어려울 때 보기만 해도
위로가 되는

촛불과도 같이
몸을 태워
빛을 밝히는 친구로 남고 싶다

인생과 사랑

인생은 흘러가는 것 아니라
채우고 비우는 과정의 연속으로
무엇을 채우고 무엇을 비울까요

열정이 무거워 욕심을 가르치고
사랑이 무거워 집착을 가르치는지
자신감이 무거워 자만을 가르치는 지요

세상에서 제일 우선은
인생은 지나가는 바람이기 때문에
사랑은 사랑이기 때문입니다

삶

소음의 시작과
사람들의 발자국 소리가
세상이 돌아가는 소리이리라

그림판에 끼워 넣는
그림조각으로
하나를 맞추고 나면
다음 빈자리를 찾아 다시 끼워야하는
그림을 그린다

모난 것이 아니고
둥근 것도 아닌 것이
그림의 모습을 맞추며 살아간다

봄앓이

산야는
봄앓이에 들어간다

솔잎은 나무 위 잔설에서
봄앓이를 시작한다

풀뿌리 끝닿은 땅속에서
봄앓이가 시작이다

겨울의 마지막 달을 물리고
움트는 아픔이다

봄비

내리는 빗소리
밤의 정막을 깰 수 없어
이슬비로 내리며
바람 속에 토닥인다

겨울인 듯하나
느낌은 봄이고
봄인 듯하나
바람은 겨울이니
비가 봄을 부른다

개울가 버들을 부르고
매화의 향기를 불어넣어
봄 그리움만 가득
훨훨 나는 나비 같도다

매 화

강풍 속에서도
꽃망울들이
하이얀 속살을 들어내니
꿈만 같다

햇살을 머금고
불거지는 꽃들이
마음을 움직이게 하니
봄의 전령사가 맞다

꽃샘추위에도
숨을 고르니 다시 매화다

봄 열리다

입춘이 저 멀리 가고
시골 들녘 어둠속에서
개구리 울음 소리가 봄을 부른다

산과 들은
아직도 꿈을 꾸고 있는가

나뭇가지 껍질 여는 소리에
쌓아 두었던
묵은 상처들을
모두 버려야 겠다

빈 들판에
멀리서 다가올
움 트는 얼굴을 기다려야 한다

3부

그리고 달력을 보다

봄 마중가자

사박사박 발걸음에
봄을 알리는 소리가 들린다

버들이 하얀 옷을 만지며
봄의 소리를 부른다

파릇파릇 냉이가
봄의 향기를 알린다

어서가자
냉이 밭으로
봄 찾으러 가자

아카시아 꽃

뒷동산
모퉁이 마다
아카시아 나무가 향기를 품어낸다

산 너머 너머에
나풀대는 오월의 햇살이
반짝이며 부른다

가시에 찔리면서
꽃 맛을 배우던
어린 시절의 하모니다

단 비

비가 내리면
마음도 흠뻑 젖어 보련다

어둠에 묻힌 산야는
빗소리에
안개를 품어댄다

연분홍 진달래의 농염도
하얀 목련의 순결과도
빗물에 녹아드니
농부의 고단함이 녹는다

산허리 고목에
새 잎이 돋아난다

진달래

바람결에 봄 소리가
바스락 여기서 활짝
사그락 저기서 활짝
봄바람이 피어놓고 간다

분홍빛 그리움이
앞마당에 피어나고
봄바람의 사랑 고백에
얼굴이 붉게 물이 든다

그대는
산 어귀에서
내 마음을 훔친 봄 처녀로다

찔레꽃

사람들의
향수를 달래주는 꽃으로
해맑은 햇살을 좋아하고
양지바른 돌무더기는 자람터다

긴 줄기를 내밀며
풀 섶을 감싸 안고
햇빛을 구슬러
다섯 장의 꽃잎을 펼쳐서
꽃내음을 만들어낸다

아픔을 안고 피며
가뭄이 들어도
가시가 부드러운 꽃이던가

나 비

한 마리
이름 모를 나비가
눈에 들어온다

아침에
처음 맞이하는
눈앞에서 아른거리다

봄볕의
날개 짓에
떠도는 즐거움을 거두고
마음에 내려 앉는다

나비의
마음자락에
나도 나비가 된다

6월에

노래하는
새 소리와 벌레 소리

꽃들인
장미가 환하게 웃는다

매미들의 노래가 울려 퍼지고
노랗게 살구가 익는다

주먹만 한 감자가 깨어나
광주리에 담긴다

밤꽃 향기에 빠지다

뒷동산 밤꽃이
바람이라도 불면
비릿함이 산을 지나
마을까지 덮친다

젊은 피들은 어이할 꼬
밤꽃은 피고
바람은 부는데
그녀는 어찌 잠을 이룰까

꽃향기에 무너져 내릴
과수댁 마음에
밤꽃이 지면 안타깝다

밤송이는 여물어서
해거름에 입을 열면 좋겠다

7월엔

7월이 무르 익어
여름은 깊어만 갑니다

대지에는
여름 꽃들이
아름다움을 그려냅니다

수많은 별을 보고
새들의 노래를
바람 속에 가득 담아봅니다

구름이 산을 넘는 모습을 보며
세월의 속도를 느껴봅니다

산골은
보금자리입니다

능소화

이제나 저제나

그님을 기다리며

발자국 소리라도 들릴까

그림자라도 비치지 않을까

담장 밑을 서성이며

눈길을 보내고 기다리다

주홍색 꽃잎이

가슴을 닫고 피었다

나팔꽃

밝아 오르기 시작하면
새벽 공기를 가르며
자전거에 올라
가슴벅찬 페달을 밟는다

나팔꽃들이
오빤 강남 스타일 이라며
동네사람과 박수를 친다

바람과 나뭇잎들이 신이 나서
오빠는
강남 스타일
나팔꽃도 나팔을 분다

가을비

엊저녁에 시작된 비가
옷깃을 여미게 하여
따끈한 커피가 생각난다

내려온 가을 하늘
이리 저리 날리고
빗소리는
이제 멀리 갔나보다

회색구름 모자를 쓰고
지내온 밤 시간이
어느새 가을바람이다

감

가을의 풍경 중
제일인 것은
붉은 감을 매달고
의연하게 서 있는
감나무가 아닐까 싶다

물기 빠진 잎사귀
굽어진 가지들
그 끝에 올망졸망 매달려
익어가는 감을 볼 때
비로소 만추임을 실감한다

푸르름에 그늘 주더니
어려운 세상살이
주렁주렁 예쁘게도 여물어 간다

겨울밤

구름도 산 너머로
쉬러 가는가 보다

장작불에
익어가는 떡가래와 고구마
호호 불며 먹다 보면

멍멍이 소리와 함께
정겨운 손님 오나보다

괘종시계 소리는 긴 밤을 재촉한다

고드름

지붕 아래로 떨어지려다 얼고
또 위에서
떨어지려다 어는 것을

어릴 적에는 따다가
칼싸움을 하기도 했고
맛있다고 아이스께끼로
먹기도 했었는데

지금은
지붕에서 녹은 물이
중금속 미세먼지와 섞여
추억들은 하나 둘 멀어져만 간다

동지팥죽

밤이 가장 길고 낮이 가장 짧은 날로
동지를 아세 또는 작은설이라 부르며
동지팥죽을 쑤어 먹어야 하는 날이다

주방에선 엄니표 팥죽 끓는 향기가 솔솔
팥죽에는 찹쌀로 만든 새알심을 먹으며
사람의 나이만큼 죽 그릇에 넣어 먹기도

동지팥죽을 사당에 놓아 차례를 지내고
풍습에 대문이나 벽에다 팥죽을 뿌리면
붉은팥이 액을 막고 잡귀를 없애 준다고

팥죽은 솥에 한참 고아서 쌀을 넣고 퍼지면
새알심은 팥 삶은 물과 생강즙을 넣어 만든
팥죽은 겨울철 동지에 많이 끓여 먹는다

상고대

영하의 기온에서
작은 물방울과 나뭇가지가 부딪혀
만들어 내는 얼음 조각으로

얼음이 쌓이면서
수많은 작은 공동이 만들어지고
나뭇가지에 달린 얼음조각도
크기와 온도에 따라
밝기나 생김새가 달라 아름답다

세 가지의 상고대는
수증기 승화에 의한 수상樹霜
안개에 의한 수빙樹氷과
구름에 의한 조빙粗氷이 생긴다네요

연

우리의 민속놀이로
정월 초하루부터 대보름까지
윷놀이와 연을 날린다

마을의 풍년과 안녕
가족들의 건강과 소망을 기원하는
연날리기를 한다

마을 주민과 어우러진
연날리기에 신이 나서
시간 가는 줄 모르고
하늘을 난다

아침을 여니

새벽하늘에
반달 빛을 두고
별빛들의 향연이다

수많은 이야기를 간직한 채
그 이야기를 되새기며
우리를 지켜보겠지

항상
바라보고 다가서면
하늘은 행복미소를 지었다

내일 만남을 청하고
남은 샛별에게 마음을 전한다

달무리 아름다워
바라보고 마중가니
먼저 색바람이 반긴다

아침인사

어디서 낮게 들려오는
떠나간 님의 발자국 소리

먼 곳에 깜박거리는
불빛에
바람결에 잔잔히 흔들리는
나뭇가지의 율동에
가만히 손을 내밀어 봅니다

하늘을 우러르고
개천과 벗 삼아 살면서
나를 돌아보게 합니다

시골버스

한 꾸러미를 든 장돌뱅이
책가방을 둘러 멘 학생들
시골버스에 서둘러 오른다

빈자리로
달려가는 아줌마들은
가까운 병원으로 진료 받으러 간다며
활짝 웃는다

운전기사님은
할머니 넘어질까 조바심이다
자리를 양보하는 학생들의
마음도 갸륵하다

고단한 일상을
싣고 내리는
농촌의 시골버스입니다

행복은 셀프다

유명한 백화점에도
홈쇼핑에서도
행복은 팔지 않는다

스스로
만들고 씻기며
다듬어야 하는
인생의 필수품이다

무지개를 찾아
파랑새를 쫓아 날아야 한다

왜 멀리 가려 하느냐
좋은 것은 가까이 있고
행복은 언제나 곁에 있는 것을

지금 이 순간
곁에 있는 사람과
무지개와 파랑새는
바로 여기에 있다

집 밥

손맛이
가득 담긴 그릇에
아내의 살결이
따뜻하게 피어 납니다

음식은 몸을 이루고
몸과 마음의
소중한 연결고리 입니다

육식과 채식이
조화를 이루는
우리집 밥은 사랑밥 입니다

조각예술

햇볕 아래
무엇을 만드는지
마스크에 땀방울 흘리며
돌맹이를 다듬고 쪼아 댄다

기계 소리와
망치소리가
하나의 희망이 되어
환한 웃음으로 변하게 한다

자기를 그리는 이
글을 조각하는 이
돌을 종이와 색연필 삼아
세상 속으로 빠져 든다

빈 둥지 증후군

자녀들이 장성하여
부모의 곁을 떠난 시기에
중년 주부들이 느끼는
허전한 심리로

가족과 세상을 위해
인생을 바쳤건만
냉대와 무관심 뿐

책임만 다 하면
사랑인 줄 알았지만
결과는 너무나 초라한 것으로

자녀에게 집착하다가
곁을 떠나게 되었을 때야
자신이 사랑받지 못한
텅 빈 껍데기 나그네인가

동고동락

숲에서 자라는
나무들은 키가 비슷하고
굵기가 다른 것을 보면
서로 나이가 달라도
별로 차이가 없습니다

자기가 더 높이 자라면
곁에 있는 나무가
햇살을 받지 못할까 봐
그런 것이 아닐까
생각해 봅니다

더디 가도
함께 가야 외롭지 않고
비바람에도 같은 길을 가는
벗이 있으면
세상은 어렵지 않습니다

춤

바람에 흔들리는
나뭇가지를 바라보면
춤을 생각나게 합니다

옷을 갈아입고
느림과 빠름을 반복하는
춤을 추고 있습니다

역사를 통하여
삶속에 꽃피우는
우리의 춤은
사람의 몸짓 이었습니다

미 소

잎사귀를 다 떨궈낸
나뭇가지 위에
겨울이 내려안는다

일상 속엔
지루함이 묻어있고
지금은 여유를 꿈꾸기엔 지쳐있다

아직 잠들지 않는
소중한 것들이
빛날 수 있게
오늘도 살아야 한다

딸의 미소는
온 가족의 비타민
꽃피는 봄이 오면
더 행복해지고 싶다

가는 청춘이여

마음속에 자리 잡고 있던
어릴 적 추억이 멀어져만 간다

간직했던 모든 것들이
조금씩 알지 못하게
지워져 갈 때 나이가 들었나보다

마음은 늘 그 자리인데
세월이 나를 변하게 하고
세월에 내 몸이 변하는 것을

자꾸 떠미는 인생길을
그 누구는 붙잡아 줄 수 있을까

잃어버린 시간

아침 출근길 손이 허전하여
안 갖고 나온 것이 생각나
아무리 뒤져도 안 보여
거실로 방으로 찾아다닌다
충전기에서 뺀 것 까지
기억이 나고
모든 정황을 알 것 같은데
발이라도 달렸나
다시 한 번 둘러보아
책갈피에 꽂힌 휴대폰을 찾았다

저만치 시골버스가 온다

중년이라는 나이

눈가에 주름이
제법 친숙하게 느껴지고
삶의 깊이가
의연해 질 수 있는 나이

눈으로 보는 것이
가슴으로도 알며
미래에 대한 소망보다는
지금을 더 걱정하는 나이

밖에 있던 남자는 안으로 들어오고
안에 있던 여자는 밖으로 나가며
커피를 마시고 있으면서도
한기를 느끼는 서글픈 나이

들녘의 바람에도
허전함을 느끼고
겉으로는 가진 것을 비우며
누군가 따라오는 느낌이 드는 나이

황간역

추억으로 가는 열차는
연기에 눈물을 머금고
아들딸들의
꿈을 태우던 황간역이 있다

글과 그림은 찾는 이들의
마음을 머물게 하는데
기차는 어서 타라 재촉을 한다

잘 가꾸어 놓은 역사는
정감이 흐르고
음악소리는
황간역을 데리고 떠난다

산다는 건

지나간 어제도 아니고
다가 올 내일도 아닌
지금과 마주하는 이 순간입니다

이 순간은 지나가게 되어 있고
지나가면 잊혀지는 것을
산다는 건 다 그런 거래요

서두르지 말고
돌아보며
그렇게 나를 찾고 있어요

외모지상주의

공장에서 찍어낸
인형 같은 얼굴들
고양이 닮은
눈동자를 지닌 모습들

스스로를 예쁘다고
자부하는지
미소도 없는 표정으로
분명히 지나쳤는데
다시 쳐다보인다

자연산의
평범한 여자가 걸어오면
순수와 아름다움이 빛을 발하는
매력과 아름다움이
바로 여기에 있다

외면의 아름다움보다
내면을 좋아하고
세상은 사치와 외모지상주의가 한창이다

스마트폰

누구랑 얘기라도 해볼까
이름 모를 공간에서
만남이 없던 이들과 친구 삼는다

나를 나름대로 표현하고
스스로 달래며
하루를 보낸다

해가지면 더욱 외로워
깊은 밤까지 손에 들고
어찌하랴

채울 수 없는 공간을 채우려니
마음은 더 허무해져 가고
고개만 끄덕인다

이곳저곳을
떠들어 보다가
밤 깊어 가는 줄 모르고
세상을 달래고 있다

그리고 달력을 보다

한 장 남은
달력을 보며
당신에게 마음을 전합니다

세상을 살면서
착한 사람들과
좋은 생각을 하며
같이 지낸 시간들이 행복했습니다

어설픈 대화에도
함께 웃어주던
올 한 해가 즐거웠습니다

새해에는
당신에게
망설였던 한 마디를 전하고 싶습니다

행복한 날 만들기

하루의 시작을 알리는
아침의 태양은 떠오르고 있다

어제보다는
오늘을 기대하며
착한 시간을 채우는
행복한 날 만을 열어가자 구요

함께 할 수 있고
감사해야 할
창문을 열자 구요

아름다운 세상보기

자연을 보고 싶다면
마음부터 꾸며야 하며
마음이 고운 사람에게는
세상이 보입니다

누구를 만나기 전에 내 마음부터
따뜻하게 만들어야
사람을 알아볼 수 있습니다

누구를 만나도 어떤 것을 보아도
마음의 창을 통해
세상이 알아보기 때문입니다

생활 속에 비타민

웃음과
서로가 칭찬하는
배려, 용서, 사랑타민

세상에서 가장
좋은 비타민은 행복타민

불행이 닥쳐도
스스로 처방하는
마음의 집은 행복 약국입니다

감사할 뿐이고

세상은
감사할 것 투성이다
커피와 차 한 잔도
여유와 향기 그리고 추억을 준다

흔한 책 한 권과
친구와의 대화 속에도
모두 다 감사할 일이다

어쩌면
삶의 세상 속에서
감사는 감사보물 찾기다

그 많은 감사를 다 하고 가야한다
그러니 미리 하는 게
좋을 것 같다

인생 뭐 있어

갈 길은
멀지만 걷는 자체가
인생이겠지

쉬어 갈 수도
그리고 웃으면서..
때론 돌아돌아 갈 수도

지금 보단
웃는 날이 더 많을 거란
믿음으로…
쭉 가는 거야

웃다 보면
생각한 대로 원하는 대로는
아니더라도 뭐
조금은 이루지 않을까

그게 어디야
녹녹치 않은 삶에서
인생 뭐 있어
즐기며 사는 거야

괜찮아

조금 느려도
때로는 서툴러도
너 자신이 바보 같아
보여도 괜찮아
올바른 길로 가고 있어

그러니
불안해하지마
모든 것이 다 괜찮으니까

어떻게 모두가
똑같은 속도로 갈 수 있겠니

가야 할 길에
가고자 하는
앞에 누가 있든 상관하지마
그저 너의 길만 바라보는 거야

너무 늦거나 이른 건 없고
사는 것은
제한 시간이 없으니까

나무처럼 살자

스스로 뿌리 내리고
가지 뻗으며
잎을 내고
열매를 맺는다

알아보는 이 없어도
소리치지 않으며
속살을 키우고
존재감을 채워나간다

우리도
굳세고
올바른 정신으로
약해지거나 티 내지 않는
나무처럼 살아보자

| 跋文 |

언어의 무늬로 지은 씨앗의 이데아 idea

안 익 수 (시인, 한국문인협회 편집위원)

여러 통로를 통해 경달현 시인의 작품을 간간히 접하면서 예사롭지 않은 서정적 서사를 감지한 바가 있다.

그는 자연의 모습과 현장에서 소리를 듣는다. 그 소리는 언어로 피어나며 열매가 달린다. 원초적 이치를 심상으로 구체화시켜 시심의 구도에 닿는다. 추상의 바람에서 구상의 삽질을 통하여 언어로 흙을 일군다. 언어에 옷을 입히는 허상 놀이가 아닌 실체적 근원을 확인하여 명패를 단다. 언어를 땅에 갈고 사회의 부패한 것들을 퇴비로 사용한다. 햇볕과 바람으로 언어를 깨워 수확하는 것이다.

그의 시적 사상과 사물의 관심은 새소리와 냇물이 가는 길을 먼저 본다. 기차가 철길로 내닫는 것에는 별로 참견하려 들지 않는다. 다만 그 불빛이 들판에 옥수수대를 떠다밀까 고심하는 것이다. 그가 차리고자 하는 시의 밥상은 소박하며 건실하다. 구름으로 지은 옷에 풀물을 들여 입고 잔치를 벌이고 싶은 것이다.

그러기에 그가 우물에서 길어 올리는 물은 삶의 노래이자 간구이다. 일상의 언어로 꽃과 바람과도 공명의 시간을 연주한다.

그의 시는 삶의 수저이며 젓가락이다.

그럼 그의 시 몇 편을 불러내어 신명나게 놀아 보자.

화장도 하지 않고
옷도 갈아입지 않은 채
보이고 싶은 사람도
보여야 할 일도 없는 곳으로
떠났다

그저 그냥
모든 걸 내려놓고
편안함속으로 빠져 들어가
자신에게
선물을 주어도 좋다

커피 한잔과
늦가을의 정취로

길을 몰라
길을 두고 떠났다

〈그냥 떠났다〉 전문

세상은 곡선과 직선의 저항이며 조화이다. 인간은 삶에서 시.공간적 변화와 충돌로 떠남과 만남이 교차되며 새로운 현실을 경험한다. 이것이 곡선과 직선의 조화다.

떠나보내는 곳도 자연이고 끌어안는 품 또한 자연이다. 떠나봐야 품이 그리운 것을 실감한다. 경달현 시인이 직시하는 과녁에는 화살이 아닌 부메랑의 경로를 이별과 만남으로 역설하는 것이 아닐까. 시에서 '길을 몰라 /길을 두고 떠났다' 이 말은 곧 구름이 바람에 떠다밀려 능선을 넘는다. 그러나 사람은 학습된 이성의 판단으로 행로의 네비게이션을 연다. 아마도 시인은 인간이 살아가는 고단한 삶의 여정에 고향의 그늘을 선물로 내놓고 싶은 것이다. 하늘에 길을 내던 새도 둥지를 찾아오는 법이다.

그러기에 인간의 길은 밖으로 향하며 안식의 길은 집 안의 신발장에 눕는 것이다.

다음의 시에서 그 여정의 해답을 물어보자.

그 옛적에 개구쟁이가
어제는 음성장에서
오늘은 괴산장으로 장 따라
난전에서 옷 파는 친구가 있다

가끔은
시장골목을 뒤지다가
손뼉을 파는
친구의 모습이
너무도 보기가 좋다

시장표라 가격도 싸다며
고개를 숙여
의자까지 내 놓는다

인정에 웃고 사는 오일장은
붕어빵과 이야기도 나누고
막걸리 한 잔에
콧노래 부르는 친구가 있어 좋다

〈장돌뱅이〉 전문

'시장골목을 뒤지다가/ 손뼉을 파는' 이것이 장돌뱅이의 일상이며 상술이다.

그의 발걸음이 최고의 상표다. 모양과 모습을 목청으로 팔아야만 품 삶을 챙길 수가 있다

생존의 경쟁과 다툼은 사물(四勿)의 욕망에서 비롯된다. 모든 사회적 장터와 역정의 정류장에는 표지판이 서 있다. 세상살이는 마음의 터를 옮겨가며 그릇을 비우고 다시 새 옷을 입으려는 욕망의 지폐를 세는 것이다. 바람에다 낫을 갈며 길을 물어 길을 내는 것이다. 시인이 주목하는 시선은 장터에 있는 것이 아니라 고단한 일상과 꿈의 미로에 불을 켜는데 있는 듯싶다.

사람은 살아가면서 온갖 행실과 행적을 그린다. 그 행적의 궤도는 이력이 되고 에너지의 활력으로 작동하기 마련이다.

장돌뱅이의 보통 선입견은 낙천적인 부지런함에 있다. 탈을 쓰고 춤을 추는 상술로 세상을 판단하지 않는다.

더러는 먹고 사는 문제로 텃세를 양보한다. 시인이 귓속말로 끌어당기는 것이 바로 여기에 있는 것이다. 장돌뱅이의 삶의 숙제와 해답은 장터에 있는 게 아니라 신발을 벗는 울안에 있는 것이다.

결국에는 장돌뱅이도 몸과 마음의 보금자리에서 시간의 보따리를 내려놓게 된다. 이 또한 시인이 호소하는 '길을 두고 길을 떠나는' 것이 아닌가.

경달현 시인이 시를 짓고 어깨동무 하고 싶은 마음의 고향은 시골 장터보다는 인간의 줄기에있다. 살이 오르는 작은 골목길을 쓸며 친구의 문패를 달고 싶은 게 아닐까.

나아가 이 시에서 울컥 치미는 것은 인간의 가난한 향기가 물씬 치미는 우울한 아이러니다. 이 시의 못과 망치는 과연 무엇일까. 사람과 돈일까. 인간과 자연일까.

그럼 자리를 옮겨 다음 시를 음미해 보자.

나 어릴 적
요즘처럼 좋은
면도칼이 나오기 전에
아버지는
샘물가에서 낫을 숫돌에 갈아
연필을 깎아 주셨다

연필을 깎고 계시던
손 모양 하나하나가
아직도 눈에 선한데
벌써 아버지 돌아가시기 전
그 모습의 나이로 변해가고 있다

논둑 깎다 낫을 숫돌에 가니
아버지가 더 생각나
나는 몽당연필이 된다

〈아버지와 몽당연필〉 전문

외딴길에 찔레꽃은 혼자 넝쿨을 뻗어가며 자란다. 그러나 사람은 어디 그런가. 머리가 길면 깎아야 하고 매일 아침 턱밑에 수염도 밀어야 한다. 요즘은 개성이 다양화 되면서 가꾸는 모양도 여러 가지다. 몽당연필을 침 발라 꾹꾹 눌러 그림 그리던 시대는 이제 갔다. 그러나 그 몽당연필에서 아버지의 얼굴과 밭에 씨를 갈던 모습이 보이는 것이다. 짧지만 가장 긴 시간의 울타리를 그 연필은 간직하여 피워내고 있다. 인간의 품격과 품성이 그 곳에서 여물어 갔던 것이다. 그 연필의 중심을 싸고 지탱해 주는 것이 바로 피붙이며 어머니의 역성이지 않았는가. 인간의 숙제와 해답 풀이는 이미 그때부터 눈치를 채며 철들어가는 것이다. 서낭당 동구나무 허리에 청실홍실 묶는 이유가 궁금했으며 보리밭에 남녀가 넘어지는 것도 이상했을 것이다. 산모퉁이 상여집이 왜 무서운가도 알았다.

이것이 경달현 시인의 자화상이 아닐까. 몽당연필은 시인의 그림자를 그리며 고향의 아침을 작곡 하고 있는 것이다. 인간의 근원이 어디에서 발원하여 진화해 가는가를 묵묵히 경작하는 몸부림인 것이다.

다음의 시에서 시인의 모습과 꿈이 어떻게 구상화 되는가를 엿볼 수 있다

희망과 꿈으로 다가서는
그런 사람이고 싶다

들에 핀 작은 풀꽃
바람에 날리는 민들레 같이
너에게 그런 사람이고 싶다

긴 여정에 벗되어
어깨동무로 온기를 나누는
나는 그런 사람이 되고 싶다

〈그런 사람이고 싶다〉 전문

시는 이미지의 언어다.

경달현 시인은 자신을 성찰하는데 꽃과의 문답을 한다. 의미의 사유를 꽃과 대비시켜 꿈의 그네를 탄다. 자연과 사물의 모든 현상들은 관계 속에서 소통한다. 사람이 지어낸 꽃말을 꽃에게 질문하면 꽃이 향기로 답변 하는 것은 자연의 순리다. 덤으로 바람까지 선물을 한다.

이처럼 자연의 이치와 섭리를 이미 시인은 감내하고 있는 것이다. 시인은 자연이 주는 선물을 인간에게 나누며 이성적으로 비움과 채움을 일깨우는 종을 자성하고 있다.

마치 호랑나비가 긴 시간의 멀미와 구속으로 부터 벗어나 여러 꽃들을 섭렵하고 싶은 욕망일 수도 있다. 그러나 그 욕망은 사회적 계약의 파기가 아니라 새로운 질서를 향한 미적 의지인 것이다. 그것이 시인이 꿈꾸는 동산이다.

경달현 시인의 시의 수레는 지금 어디쯤 있는가 물어 보자.

산야는
봄앓이에 들어간다

솔잎은 나무 위 잔설에서
봄앓이를 시작한다

풀뿌리 끝닿은 땅속에서
봄앓이가 시작이다

겨울의 마지막 달을 물리고
움트는 아픔이다

〈봄앓이〉 전문

도자기는 불에 구워야만 완성품에 이르지만 움트는 것은 제 살을 찢고 세상 밖에 나온다.

이 시는 생명이 탄생하는 아픔을 통하여 그노시스(gnosis)적 의미를 시사한다. 시인은 자연의 섭리를 경외하며 신비적인 직관을 자극하여 꿈을 주술 한다. 그러나 인간은 옷이라는 것으로 얼마나 편리하게 탄력적으로 다시 변모하는가. 때때로 옷은 품위와 품격에 잣대로 작용한다. 하물며 저승길에는 수의를 입고 떠나지 않는가. 이처럼 변화와 생성과 소멸은 아픈 통증을 수반하게 된다. 그 흔적은 나이테가 되어 시간이 굵어지는 것이다. 세상에 사람이 되고 사회의 울이 되는 것이다. 비로소 인간으로서 이름값을 하게 된다. 모든 생명은 아픔에서 시작하여 아픔으로 돌아가는 것인지도 모른다.

시인의 몸살은 여기서 멈추지 않는다. 다음의 시를 보면 알 수 있다.

한 마리
이름 모를 나비가
눈에 들어온다

아침에
처음 맞이하는
눈앞에서 아른거리다

봄볕의
날개 짓에
떠도는 즐거움을 거두고
마음에 내려앉는다

나비의
마음자락에
나도 나비가 된다

〈나 비〉 전문

누구나 사람은 꿈을 꾸며 산다.

꽃을 찾아 가는 길이 있는가하면 꿈을 따라 가는 길도 있다. 길은 길과 함께 살아야 길이길이 살아지는 것이다. 시에서 '나도 나비가 된다' 는 말의 사상의 물리는 과연 무엇을 두고 하는 말일까. 나비가 꽃에 앉는 것은 일상의 노동이며 공생관계가 아닌가. 꽃은 이동하지 않고 핀 자리에서 진다. 그러나 나비는 훨훨 세상을 돌아 여러 꽃들을 섭렵한다. 그렇다고 꽃가지 하나 분지르지 않는다.

경달현 시인이 추상하여 간구하는 물신은 꿀보다 꽃말에 있다. 바람난 '봄볕의/ 날개 짓에' 가 암시 하듯이 시간의 비행을 통하여 나비는 씨앗의 노래와 손을 잡고 꽃말이 춤을 추게 하고 싶은 것이다.

인간은 언제나 길가에 밭을 두고 씨를 뿌리며 산다. 그 밭에는 반드시 해가 지면 달이 뜨고 만물이 합주와

합창을 한다. 땅과 하늘이 화목한 것이 최고의 이상향 아닌가.

들판의 허수아비도 달빛이 비추면 그림자와 술래잡기를 한다. 얼마나 경이로운 자연의 오케스트라인가.

이처럼 경달현 시인의 시는 퍼즐 맞추기가 아니라 새로운 질서를 창작하여 인간이 살도록 짓는 소박하며 아늑한 꿈의 집이다.

그가 지은 집에서 어떤 가락이 들리는가 다음의 시를 열어보면 알 것 같다.

흰 구름 가득
고요 속에 다가오는
가을은 여름내 울었던
소쩍새 마음 이었나

푸르름은 짙어가고
흘린 땀은
버거웠던 하루하루가
여름의 끝자락이네

핏빛 수수는
무거운 고개를 떨구고
높이 날던 참새 떼는
수수이삭에 매달려 알곡을 훔쳐 먹는다

허수아비에 앉은 잠자리는
고추같이 익어가고
매미는 울부짖으며
가는 여름 끝자락을 놓는다

〈여름의 끝자락〉 전문

세상은 소리를 수단으로 하여 욕망과의 다툼과 내지는 화해를 한다. 욕망과 절제가 물리적 투정을 부리는 것도 하나의 도전이 아닐까.

인간의 대지는 생명의 산실이자 또한 무덤의 현장이 되기도 한다.

시냇물은 소리를 내며 낮은 곳을 향하여 걷는다. 아래로 내려갈수록 우렁찬 고요가 있다. 넓고 두터울수록 그 함성과 행위 또한 웅장한 것이다.

모든 소리는 울림이 있다.

경달현 시인은 시의 울림을 막힌 세상에 소화제로 투여하기도 하며 또한 분한 마음을 다독거리는 감성의 해독제로 주사한다. 그는 삶의 일지를 불러내어 내면의 소리를 시적 미학으로 달구어 종을 타종한다.

바람 숲에는 바람이 놀게 한다. 풀벌레가 가로등 빛과도 춤을 추게 시적 운율이 아늑하여 따뜻하다.

그가 직시하는 사유는 곧 자연은 탄생과 죽음의 무대이다.

이러한 이치의 질문을 인간의 가락이자 몸짓으로 화답하며 대지에 시의 사과나무를 심고 있다.

그럼 경달현 시인의 마당에는 어떤 시의 종소리가 울리는지 그쪽으로 발걸음을 옮겨보자.

손맛이
가득 담긴 그릇에
아내의 살결이

따뜻하게 피어 납니다

음식은 몸을 이루고
몸과 마음의
소중한 연결고리 입니다

육식과 채식이
조화를 이루는
우리집 밥은 사랑밥입니다

〈집 밥〉 전문

경달현 시인의 시적 상징과 은유는 말품을 파는 변용을 비껴간다. 직설적 어감으로 순수하고 매콤하게 시상의 불을 지펴 눈이 맵다. 삶의 흉터를 시적 미감으로 성형하지도 않는다.

그러기에 시의 솥밥은 설지 않으며 반찬 역시 특별한 조미료를 가미하지 않아도 그 맛이 깊다. 그렇다고 단어와 어휘를 애매모호하게 코디 하지도 않는다. 우리의 삶에서 얻어진 곡식과 열매로 시의 밥상을 차린다.

그의 시에서 간과 되지 않는 유일한 것이 있다면 그것은 자연의 맛과 토속적인 향기다. '몸과 마음의 연결고리' 가 음식이며 그 음식의 소재와 주제는 전적으로 인간의 땀으로 간을 맞춘 자연의 부산물임을 증거하고 있다.

마음의 요리가 잘돼야 시도 건강하고 힘이 있는 것이다. 고단한 삶에서 힐링의 밥상이 되는 것이다.

세상에서 가장 향기로운 맛은 꿀맛이 아니라 달콤한 언어이기에 그렇다.

씨앗의 이데아를 향한 경달현 시인의 시심은 다음의 시에서 더 구상화 된다.

눈가에 주름이
제법 친숙하게 느껴지고
삶의 깊이가
의연해 질 수 있는 나이

눈으로 보는 것이
가슴으로도 알며
미래에 대한 소망보다는
지금을 더 걱정하는 나이

밖에 있던 남자는 안으로 들어오고
안에 있던 여자는 밖으로 나가며
커피를 마시고 있으면서도
한기를 느끼는 서글픈 나이

들녘의 바람에도
허전함을 느끼고
겉으로는 가진 것을 비우며
누군가 따라오는 느낌이 드는 나이

〈중년이라는 나이〉 전문

경달현 시인의 시에서 확연히 드러나는 시적 심상의 궤도는 화려한 도시의 불빛이 아니라 고적한 시골길에 흐르는 달빛이다. 그가 간구하는 독창적 시선의 목청은 장독대에 떨어지는 하늘의 물감이다. 그의 시상은 관념의 원심력으로 햇살이 쏟아지는 들판의 굴렁쇠가 되며 그 행진은 풀들과 동행하는 세상의 리듬이 된다. 주름살의 아집으로 못마땅한 회초리를 함부로 들지도 않는다. 그 시심에는 윤리적 가치가 농익은 낭만의 잔도 기꺼이 권하고 있다. 나이는 시간의 물로 짓는 물감의 집이다. 그것이 곧 시간과 함께 지은 그림 같은 시의 집이 아닌가.

'겉으로는 가진 것을 비우며 / 누군가 따라오는 느낌이 드는 나이' 이 말은 탐욕과 욕망의 무게를 저울질한 저울추에 대하여 냉엄한 삶의 눈금으로 돌아보는 것이다.

그는 자연과 인간이 함께 꿈꾸는 세상살이를 동경하며 나이에 걸 맞는 옷과 신발로 사는가를 바라보는 것이 아닐까.

'중년이라는 나이' 는 꿈을 따서 꿈을 엮는 바깥마당보다는 창문에 넘어진 구름을 먼저 일으켜 세우고 있다.

다음의 시는 미학적 사상이 코스모스(cosmos)에 이르려는 간구며 에필로그(epilogue)다. 시상의 마음결이 그 둥지를 암시한다.

누구랑 얘기라도 해볼까
이름 모를 공간에서
만남이 없던 이들과 친구 삼는다

나를 나름대로 표현하고
스스로 달래며
하루를 보낸다

해가지면 더욱 외로워

깊은 밤까지 손에 들고
어찌하랴

채울 수 없는 공간을 채우려니
마음은 더 허무해져 가고
고개만 끄덕인다

이곳저곳을
떠들어 보다가
밤 깊어 가는 줄 모르고
세상을 달래고 있다

〈스마트폰〉 전문

경달현 시인의 스마트폰은 나비가 되고 새가 되어 먼 나라로 떠나는 꿈의 열차다.

무한한 가상의 공간에서 상상의 거미줄을 친다. 걸려드는 소리와 물감을 생각 속에 가두어 밤이 무디어 지도록 칼질을 한다.

그는 정보화 물결에 중독되어 퇴화 되는 자연의 현상에 대하여 언어의 가시로 성토한다. 기술적 문명의 매카니즘에 멀미를 한다. 그러나 감성의 불과 서정의 물로 여문 흙의 노래를 꺾을 수는 없다.

세상 밖으로 펼쳐지는 군상들의 아우성이 숨 가쁘게 넘어지고 일어선다.

그는 다시 '스마트폰'을 먹어가며 나비와 새가 된다. 나비의 별은 꽃이다. 나비는 죽은 꽃에는 앉지 않는다. 그러나 새는 산가지와 죽은가지를 딛고 하늘로 비상 한다.

암울한 세상의 꿈은 마음에서 피는 별이다. 나비는 꿀을 따며 사람은 꿈을 딴다.

사람이 따야할 꿈이란 하늘에 뜨는 별이 아니라 인간의 땀에서 영그는 열매라 역설한다.

이 시대의 현대인은 오염된 환경과 즐기며 살아가는 아이러니가 있다.

경달현 시인에게 '스마트폰'은 문명의 타락한 가면극이며 아픈 꿈의 패러독스다. 그는 곡선과 직선에 항변하는 세상의 유일한 처방전을 쓰려고 자연으로 가는 봇짐을 싼다. 그것이 엉킨 고향길을 풀어가며 살아가야할 유일한 변명의 숙제다. 꿈은 삶의 일터에 있으며 하늘의 별자리에 줄을 서기도 한다. 꿈은 가슴에 있고 아침은 힘살 굵은 가랑이에서 일어나는 것이다.

경달현 시인의 몇 편의 시를 통하여 감상한 짧은 시간(詩間)기행을 적는다. 그의 시에서 대체적으로 발현되는 시심은 객관적이며 때로는 토속 신앙적 요소가 있다. 우직하게 시의 쟁기를 몰며 언어를 파종한다. 언어의 열매를 따서 마음의 항아리에 담아 발효시킨다. 언어로 접은 종이배에 구름을 싣고 세상으로 나른다.

그에게서 인간은 자연으로 돌아갈 수밖에 없는 엄연한 경계의 갈등을 아직 지울 수 없다. 인간이 영원히 사는 길은 자연과 함께 사는 것이다. 그의 시적 회상의 미학은 자연의 소리를 담는 녹색 디자인에 있다. 그는 언어로 사상(思想)과 사물을 편찬하지 않고 아름다운 자연의 이미지로 채색한다. 아름다운 것은 진실이고 진실한 것은 아름답다는 극단적 탐미주의에 함몰되어 있지도 않다.

그는 배타적 성분이 다분한 이성적 고집에 감성의 비타민을 투여한다. 그 언어의 무늬는 달빛과도 닮아 화사하며 따뜻하다. 시상의 육감적 신진대사도 상쾌하여 흥이 솟는다. 서정적 메나리의 가락이 흙벽돌을 찍어내어 황토시가(黃土詩家)를 짓는 것이다. 그는 언어에게 심부름을 시키지 않고 언어와 손잡고 시골길을 걸으며 풍경을 채집한다.

경달현시인은 늘 고향의 들녘에 빚지고 사는 심경을 바람의 언어로 공경하며 자연을 찬미한다.

그가 서원하는 인간의 씨앗은 흙의 순례에 있다. 이것이 경달현시인의 시적 행로며 표상인 것이다.

그는 사유하는 문명의 이기와 사물의 현상을 텃밭에 일구어 꿈의 씨앗을 따고 싶은 것이다.

그것은 자연과 인간의 다리를 복원하려는 의지의 이상이자 표현의 반거(盤距)다.

그러기에 그의 시는 고향의 멍에와 수레다. 그는 삶의 두엄에 햇볕과 달빛을 섞어 꿈으로 세상을 일군다.

경달현 시인은 낮달로 꿈을 따는 낮달의 시인이다. 아니 바지게 시인이다.

초판인쇄 | 2017년 11월 6일
초판발행 | 2017년 11월 9일

저　　자 | 경달현
펴 낸 곳 | 제3의 문학

주　　소 | 경기도 가평군 상면 축령로70번길 41-6
전　　화 | Seoul Office / (02)2279-3357~8
E-mail | 3munhak@hanmail.net

출판등록 | 2008. 8. 21 제1-2727호

가　　격 | 9,000원

ISBN 978-89-89629-57-3